AF498032

PIECES

DE Mr.

DE LA THUILLERIE.

A PARIS,

Chez THOMAS GUILLAIN, à
la defcente du Pont-neuf, prés les
Auguftins, à l'Image S. Loüis.

M. DC. XCVI.

AVEC PRIVILEGE DV ROY.

PIECES

DE Mr.

DE LA THUILLERIE.

A PARIS,

Chez THOMAS GUILLAIN, à
la descente du Pont-neuf, prés les
Augustins, à l'Image S. Loüis.

M. DC. XCVI.

AVEC PRIVILEGE DU ROY,

EPISTRE.

où il les attendoit. Ie vous prie pourtant,
malgré les injuſtices du ſiecle, de recevoir ce petit Preſent de la part de voſtre
veritable Amy,

LA TUILLERIE.

LE LIBRAIRE
AU LECTEUR.

COMME l'Auteur a craint que l'on ne le crût remply de bonne opinion, il a voulu dans sa Dedicace faire connoiftre qu'il ne s'applaudiffoit point de la reüffite de sa petite Comedie. Mais j'ay recherché à l'imprimer, ayant fceu qu'elle avoit diverty le Roy, & toute la Cour, à Fontainebleau, & veu que ceux qui ont efté la voir à Paris ont témoigné en eftre contans.

CRISPIN

PRECEPTEUR.

COMEDIE.

SCENE PREMIERE.

GERASTE, CRISPIN.

GERASTE.

Uy, te dis-je, Crispin, je suis au
desespoir,
J'aime un objet charmant, & ne puis
plus le voir.
Anselme, Oncle & Tuteur de l'ai-
mable Lucile,
Rend malgré mon amour, ma poursuite inutile.
Ce mal-heureux Vieillard me voyant peu de bien,
Conte sans nul égard ma naissance pour rien;

A

Par excez d'avarice il s'oppose à ma flâme,
Et Lucile par là ne peut estre ma femme.
Ma Tante quoy que mal ne pretend point mourir.
CRISPIN.
Si malade & si vieille elle pretend guerir ?
Elle a tort.
GERASTE.
Mais Lucile, enfin m'a fait entendre
Que Lise sa suivante en ce lieu se doit rendre :
Ainsi par son moyen, Crispin, j'apprendray tout.
Mais la voicy déja.

SCENE II.

GERASTE, CRISPIN, LISE.

LISE.

Mon adresse est à bout,
Nostre maudit vieillard a fait le diable à quatre.
GERASTE.
Quoy, Lise, qu'a-t'il fait ?
LISE.
Tout, hormis de nous battre.
Je ne sçay pas comment il peut avoir apris
Les soins des rendez-vous que pour vous j'avois
  pris,
Et que par mon moyen trompant sa vigilance,
Lucile vous donnoit fort souvent audiance.

GERASTE.

D'où vient que cet Argus est sorty si matin ?

LISE.

Il cherche un precepteur à son neveu Colin.

GERASTE.

Je puis donc voir Lucile.

LISE.

Elle est avec son pere,
Et de plus le vieillard est un homme colere,
Qui venant....

GERASTE.

Conte moy le tout de point en point,
Car de frere on disoit qu'elle n'en avoit point,
Et ce n'est que depuis le trépas de son pere
Que l'on a découvert que Colin est son frere.

LISE.

Vous allez tout sçavoir. Bonniface en mourant,
(C'estoit le nom du mort quand il estoit vivant)
Avoüa qu'il laissoit pour mettre en paix son ame
Outre Lucile, un fils de sa premiere femme.
Cette femme estant morte, & luy plain de santé,
Il voulut épouser une jeune beauté,
Et pour la faire entrer plûtost dans sa famille,
Il fit courir le bruit qu'il n'avoit qu'une fille,
Que dans le fonds d'un Cloistre un jour il coffre-
    roit,
Et l'Epouse par là du bien profiteroit.
Les parens de la fille ouvrent l'œil à la proye,
Nostre cher Bonniface en trepigne de joye :
Il épouse la belle, il se croit trop heureux,
Et mesme aprés l'hymen il en est amoureux.

CRISPIN.

Miracle !

4   CRISPIN
                LISE.
        Tout remply de sa nouvelle flâme,
Il n'a point d'autre but que de plaire à sa femme.
De peur de la fâcher il n'ose découvrir,
Qu'un fils qu'il a fait mort ne prétend point mou-
    rir.
Il le fait élever en secret au vilage;
A prés neuf ou dix ans, Lucile grande & sage,
Pour aller au Couvent se dispose à partir;
La femme & le mary n'y peuvent consentir,
Leur hymen par malheur ayant esté sterile,
Ils disent qu'il est bon de conserver Lucile,
Elle y consent de reste.
                CRISPIN.
                    Ah je n'en doute point.
                LISE.
Comme il nous faut mourir, & qu'il nous est en-
    joint
D'obeïr sans replique à Madame Nature,
La femme à Bonniface entre en la sepulture;
Et quoy que jeune enfin, elle trépasse.
                CRISPIN.
                        Et deux.
                LISE.
Je vous ay déja dit qu'il estoit amoureux
De sa femme, & pressé du desir de la suivre,
Pour prouver son amour il a cessé de vivre.
                CRISPIN.
Autre miracle.
                GERASTE.
            Encor, acheve ton discours.
                LISE.
Le bon homme touchant à la fin de ses jours,
Mande son frere Anselme, & pour toute priere,

Le charge d'accomplir sa volonté derniere ;
Le conjure sur tout d avoir pour ses enfans
Une amitié de pere , & quand il sera temps ,
De chercher à Lucile , un riche mariage,
Et faire revenir son cher fils du Village.

GERASTE.

Mais comment est-il fait , ce Colin ?

LISE.

Entre nous

Colin est un benest.

GERASTE.

Est-il grand ?

LISE.

Comme vous.

Mais si vous eussiez veu sa plaisante figure,
Vous en auriez trop ry , Monsieur , je vous assure.
En habit de paysan il a paru d'abord,
Sa mine & son habit avoient un grand rapport,
Outre que la maniere en est simple & commode,
Il est assez paysan pour en suivre la mode.
Il a dit s'agissant de l'habiller de deüil,
Que quand son pere exprés reviendroit du cercüeil
Pour le faire habiller comme on fait à la Ville,
Il ne feroit que prendre une peine inutile,
Et que sur son esprit on n'avanceroit rien,
Si cet habit n'estoit taillé comme le sien:
Anselme a consenty qu'il fust fait de la sorte;
Il n'a pas entre-nous la cervelle trop forte,
Et s'il faut jusqu'au bout vous en faire l'aveu,
L'Oncle en simplicité ne doit rien au Neveu.
Jamais pour trop d'esprit il ne sera coupable.

CRISPIN.

On peut donc le tromper sans se donner au diable.

LISE.

Si nous pouvions chez nous par ruse ou par bonheur
Introduire quelqu'un soy disant Precepteur,
Le tour seroit fort bon ; il n'est pas difficile,
Et par là vous auriez commerce avec Lucile.
Car ne vous fiez plus, Monsieur à mon secours,
Aujourd'huy fait je suis neutre dans vos amours.

GERASTE.

Quoy je ne puis plus voir ta charmante Maistresse.
Ah, Crispin, c'est icy qu'il faut joüer d'addresse,
Et me trouver quelqu'un qui puisse en Precepteur
Se mettre chez Anselme ; & de plus....

CRISPIN.

                              Oüy, Monsieur,
Je sçais un bel esprit qui sera vostre affaire,
Agent prés de la Sœur, Precepteur prés du Frere.
C'est un homme, Monsieur, propre à ce double
      employ.
Un beau genie.

GERASTE.
      Hé bien dy nous qui c'est.
CRISPIN.
                              C'est moy.
LISE.

Toy, Crispin ? oh, Monsieur, le Precepteur cro-
tesque.

CRISPIN.

Pourquoy non, n'ay-je pas la mine Pedentesque ?
L'air severe, la voix d'un habile Orateur,
Et que faut-il de plus pour estre Precepteur ?
La Science, il est vray, n'est guere mon partage,
Mais beaucoup de Pedans n'en ont pas d'avantage,
Hors l'habit, qui sans doute est peu Preceptoral,
Je suis en tout le reste un franc original.
Entre nous vous sçavez qu'Anselme est une buse,

Colin un Aſinus, Criſpin a de la ruſe;
Cela ſuffit, il faut ſans attendre plus tard,
Que Liſe m'introduiſe auprés du bon vieillard.
Je ſçay quelque morceau de la langue latine.

LISE.

Oüy, je croy que tu ſçais du latin de cuiſine.

CRISPIN.

Je ſervois autrefois au College d'Harcour
Un Pedant qui parloit latin & nuit & jour.
Aprés l'avoir ſervy deux ans à maints uſages,
De quelques mots latins il me paya mes gages.
Ainſi j'en ſçais ſans doute aſſez pour hazarder,
D'eſtre le Precepteur d'un fat à nazarder.
Je ſçay tous les Autheurs par leurs noms, je n'ignore
Que tout ce qu'ils ont fait, je ſçay fort bien encore.

LISE.

Il joüera bien ſon rôle, & je vous promets bien,
Moy, que de mon coſté je ne gaſteray rien.
Va donc te preparer: mais Criſpin une grace,
Quand je t'introduiray ne fais point de grimace,
Je creverois de rire, & je gaſterois tout.

CRISPIN.

Ne crains rien, je tiendray ma mine juſqu'au bout.
Oüy, je vay prendre un air un peu mélancolique,
Et digne Precepteur de nouvelle fabrique,
Puis que les noms latins ſe terminent en us,
Je ne ſuis plus Criſpin, je ſuis Criſpinius.

SCENE III.

LISE seule.

J'Augure déja bien de nostre stratageme,
L'Oncle sera dupé, mais le voicy luy-mesme.

SCENE IV.

ANSELME, LISE.

ANSELME.

Toûjours hors du logis ?

LISE.

J'entre, Monsieur.

ANSELME.

Ma foy,
Je n'ay pas grand sujet d'estre content de toy,
Jamais dans la maison, & toûjours par la Ville.

LISE.

Vous me grondez, Monsieur, pour estre trop civille.

ANSELME,

Comment !

LISE.
J'ay fait pour vous les honneurs du logis.
ANSELME.
Que me dis-tu, coquine, explique toy ?
LISE.
Je dis...
ANSELME.
Quoy donc ?
LISE.
Qu'un... je ne sçay, Monsieur, comme il se
nomme,
Sçachant que vous cherchiez par tout un habile
homme,
Qui de vostre Neveu puisse faire un Docteur,
Il s'en vient d'offrir un qui se dit Precepteur.
ANSELME.
Eh bien ?
LISE.
En fille bonne, & qui n'est pas trop gruë,
Je l'ay conduit, Monsieur, du logis dans la ruë.
ANSELME.
Reviendra-t'il au moins, parle ?
LISE.
Il va revenir.
ANSELME.
C'est assez, il faudra tantost l'entretenir :
Fais venir cependant, & ma Niepce, & son frere,
Va donc.
LISE.
Hé les voicy, treve à vostre colere.
ANSELME.
Juste ciel ce peut-il un plus grand embarras !
Sans estre pere, j'ay quatre enfans sur les bras.

SCENE V.

ANSELME, COLIN, LISE, LUCILE.

COLIN.

BOnjour, mon Oncle.

ANSELME.

Eh bien mon Neveu, vous ma Niepce,
Vous voyez que pour vous je travaille sans cesse,
Je songe à vous trouver enfin un bon party,
Car Geraste avec vous ne peut estre assorty,
Et n'ayant point de bien.....

LUCILE.

Mais mon Oncle, sa Tante,
Dont il est heritier....

ANSELME.

Oüy, mais élle est vivante;
Ny songez plus: pour vous je pretens, mon Neveu,
Vous faire étudier, & devant qu'il soit peu....
Pourvû que vous vouliez apprendre quelque cho-
se.

COLIN.

Oh oüy, j'apprendray bien, mais si j'osois, je n'ose,
Car vous vous fâcheriez peut-estre contre moy.

ANSELME.

Non, non,

COLIN.

Si-fait,

ANSELME.

Encor. Je vous promets ma foy
De ne me point fâcher.

COLIN.

Bien je vay vous le dire,
J'aime les Inſtrumens.

LISE, *à part.*

L'innocent me fait rire.

ANSELME.

Parlez donc, mon Neveu, que voulez vous ?

COLIN.

Je veux....

ANSELME.

Bon.

COLIN.

Apprendre à joüer....

ANSELME.

De la Vielle ?

LISE, *à part.*

Le gueux.

A joüer de la Vielle, ô la plaiſante envie!

ANSESME.

Fy, mon Neveu.

COLIN.

Pourquoy, je la trouve jolie.

ANSELME.

Fy, vous dis-je, cela n'eſt pas propre pour vous.

COLIN.

Oh ſi fait, je joüerois, vous danſeriez tretous,
J'apprendrois à joüer & ſans beaucoup de peine;
L'on ne fait que tourner la main ſans prendre ha-
leine,

Et ce n'eft pas vârment comme la flûte, car
Il faut toûjours foufler, & l'haleine fe par.

L I S E.

Il a raifon.

L U C I L E.

Voila ce qu'a fait le Village.

A N S E L M E.

Par ma foy, mon Neveu, vous n'eftes pas trop fage,
Et je crains fort qu'un jour vous ne des-honnoriez.

C O L I N.

Je vous l'avois bien dit que vous vous fâcheriez....

A N S E L M E.

Eh puis-je me loüer de voftre efprit ruftique,

C O L I N.

Eh bien donc, je voudrois apprendre la mufique,

L I S E, *à part.*

Bon en voila d'une autre.

A N S E L M E.

Eh mon Dieu, mon Neveu,
Je fçay ce qu'il vous faut.

C O L I N.

Qu'eft-ce, voyons un peu.

A N S E L M E.

Il vous faut du Latin.

L I S E, *à part.*

Il luy faudroit encore
Pour guerir fon efprit quelque grain d'Elebore.

A N S E L M E

Je prens un Precepteur qui vous l'enfeignera.

C O L I N.

Je lis, J'écris par tout.

A N S E L M E.

Mais il vous apprendra,
Vous montrant le Latin, ce que c'eft que de vivre.

Que

Que n'ay-je étudié !
        COLIN.
        Ca voulez-vous poursuivre?
       ANSELME.
Comme il parle, mon Dieu, quelle éducation !
Il le faut avoüer, j'en ay compassion.
       LUCILE.
Il changera, mon Oncle,& quelque mois d'étude,
Poliront son esprit si grossier & si rude :
Le temps, un Precepteur, l'air de Paris,vos soins...
       COLIN.
Oyez chanter ma Sœur, comme elle jase, au moins,
Je ne pretendons pas que ma Sœur me gourmande,
Car je suis pour le moins aussi grand qu'elle est
   grande.
       ANSELME.
Vous ne l'estes que trop, il ne seroit que mieux,
Que vous fussiez moins grand, & plus sage à nos
   yeux.
Vous parlez comme un sot , & dans l'âge où vous
   estes....
Non, on n'a jamais fait les choses que vous faites,
       COLIN.
Je ne fais pourtant rien , regardez.
       ANSELME.
             Entre nous,
La faute n'en doit pas tomber toute sur vous ,
Mais aussi vous pourriez avoir moins de betise,
Raisonner comme font & vostre sœur , & Lise,
Avoir le ton plus ferme , & l'air plus asseuré,
La parole moins lente , & l'œil moins égaré,
Mieux peigner vos cheveux , hausser vostre haut
   de chausse,
N'estre point si contraint.

COLIN, *à Lise*.

Vois-tu comme il se gausse.

LISE.

Point du tout.

COLIN.

O si fait.

ANSELME.

Vous n'avez point de gans ?

COLIN.

Pardonnez-moy mon Oncle.

ANSELME.

Où sont-ils ?

COLIN, *montrant le Logis*.

Là dedans.

LISE.

Je m'en vay les querir.

COLIN.

Je ne veux pas ;

LISE.

La cause,

Pourquoy donc ?

COLIN.

Tu pourrois me prendre quelque chose,
J'y veux aller moy-mesme.

SCENE VI.

ANSELME, LUCILE, LISE,

ANSELME.

EH qu'on le laiffe aller,
Auffi bien je fuis las de l'entendre parler ;
A t'on jamais oüy des fottifes pareilles.
LISE.
Il eft vray fon jargon écorche les oreilles,
Mais il faut efperer qu'avec un Precepteur,
Il changera bien-toft de langage & d'humeur.
LUCILE.
Life à raifon, mon Oncle.
ANSELME.
Helas ! je le fouhaite,
Mais tout le temps qu'il perd eft ce que je regrette,
Car temps perdu, dit-on, ne fe recouvre pas.
LISE.
O que fi-fait, Monfieur.
ANSELME.
Comment donc ?
LISE.
En tout cas,
Si l'homme de tantoft avec vous fait affaire,
J'efpere qu'en fix mois....

B ij

ANSELME.

Et moy je defefpere.

LISE.

Et Pourqnoy, fi Colin fe rend bien affidu,
Il pourra recouvrer le temps qu'il a perdu.

ANSELME.

Oüy, mais ce Precepteur....

LISE.

Ah, je le voy paroiftre.

à Lucile.   *à Crifpin, montrant Anfelme.*

C'eft Crifpin, fongez bien... Monfieur, voila mon
Maiftre.

ANSELME, CRISPIN, LISE,
LUCILE.

CRISPIN *en Precepteur.*

CEla fuffit, ma mie, allez, & Dieu vous gard.
Monfieur, je vous diray qu'ayant fceu par ha-
zard,
Que vous cherchiez par tout un Precepteur qui faffe
La guerre, fans cartier à l'ignorance craffe;
J'aurois crû faire tort à ce que je me doy,
De vous cacher long-temps un fçavant tel que moy.
Vous me voyez, jamais les fept fages de Grece,
N'eurent autant que moy de fcience & d'adreffe;
Je fais plus dans trois ans, qu'un autre dans fix mois.
Sçavez-vous qui je fuis?

ANSELME.

Non.

PRECEPTEUR.

CRISPIN.

J'eſtois autrefois
Le digne Precepteur des deux Jumeaux de Rome,
Remus, & Romulus. Dois-je eſtre un habit homme ?
Parlez.

ANSELME.

Aſſurement.

CRISPIN.

Je les ay bien inſtruits,
De ma capacité, ce ſont les premiers fruits,
Je les pris l'un & l'autre au ſortir de nourrice :
Ignorans, comme vous, dans le moindre exercice,
Que fis-je, dans dix ans que je les gouvernay,
Aux ſciences ſi bien leur eſprit je tournay,
Que Rome entiere vit que Remus, & ſon Frere,
Parloient tous deux Latin, encor mieux que leur
  Mere.

ANSELME.

Tant mieux pour mon Neveu…

CRISPIN.

Quel eſt ſon nom ?

ANSELME.

Colin.

CRISPIN.

Il eſt donc jeune, car ce nom eſt enfantin.

ANSELME.

Il eſt pourtant bien grand.

CRISPIN.

Tant pis, mais il n'importe,
Je ſçauray le reduire, & de la bonne ſorte,
Car je ne ſonge point à l'intereſt. Et puis
En l'inſtruiſant, Monſieur, vous verrez qui je ſuis:
  montrant Lucile.
Ne ſeroit-ce point là voſtre progeniture.

ANSELME.

Non, Monsieur, c'est la sœur de Colin.

CRISPIN.

Je m'assure,
A la voir, que je puis luy montrer du Latin.
Oüy je découvre là je ne sçay quoy de fin,
Si vous voulez dans peu vous sçaurez faire un
theme.

LUCILE.

Est ce à moy que l'on parle ?

CRISPIN.

Oüy je parle à vous-mesme.

LUCILE.

Monsieur, vous voulez rire, & vous railler de moy,
Le Latin n'est pas fait pour les femmes, je croy,
C'est une pure erreur.

CRISPIN.

La vostre est sans seconde,
C'est la mode aujourd'huy, je veux que tout le
monde
Soit surpris, de vous voir un jour parler Latin;
Je vous l'ay déja dit vostre air brillant & fin....

ANSELME.

Monsieur, un tel discours n'est pas fort necessaire,
Il luy faut un Mary, du Latin pour son Frere,
Et je croy qu'il n'est pas grand besoin entre nous
D'apprendre du Latin pour avoir un époux.

à Lucile.   *à Lise.*

Rentrez. Toy fais venir mon Neveu tout à l'heure,

SCENE VIII.

ANSELME, CRISPIN.

ANSELME.

MOnſieur je vous reçois.
CRISPIN.
Eh bien donc je demeure;
Connoiſſant mes talens, je ſçavois bien auſſi,
Que je ſerois de miſe , & reſterois icy.
Mais comme il faut, Monſieur, penſer à toute choſe,
montrant un Rudiment.

J'apporte un Rudiment , & ce n'eſt pas ſans cauſe,
Sur le champ s'il le faut, ſans faire de façon,
Je donneray fort bien la premiere leçon ;
Indiſpenſablement , ce livre eſt neceſſaire.[*ferule.*
Voila de quoy punir une faute legere, *montrant une*
montrant un foüet.

J'en puis avoir beſoin. Puis voicy l'inſtrument
Avec quoy l'on procede au dernier chaſtiment.
On ne peut s'en paſſer avecque la jeuneſſe ,
Et c'eſt avec cela qu'on chaſſe la pareſſe.
ANSELME.
Il faut faire apporter tous vos livres ceans ?
CRISPIN.
Bon, ma Bibliotheque eſt toute la dedans,
Vous moquez vous. Platon, Demoſtene, Ariſtote,
Virgile , Claudian, Quinte- Curce , Herodote ,
Horace, Juvenal , Ovide , Ciceron,

Perſe , Stace , Lucain , Lucreſſe , Anacreon,
Grec ou Latin , n'importe, Heſiode, Petrone,
Homere , Rabelais , la belle Maguelone,
Les quatre fils Aimon , les Amadis Gaulois;
J'ay tout là ; ſans conter le Cuiſinier François.

ANSELME.

Vous n'ignorez donc rien ?

CRISPIN.

Ah vrayment je le penſe,
Si j'ignorois pourrois-je enſeigner la ſcience?

ANSELME.

Que c'eſt un grand bonheur , Monſieur , pour mon
  Neveu ,
Mais le voicy qui vient , examinez-le un peu.

SCENE IX.

LISE, ANSELME, CRISPIN, COLIN.

COLIN *en s'enfuyant , voyant*
que Criſpin tient un foüet & une ferule.

MIſericorde !

CRISPIN.

Il fuit , quelle mouche le pique?

ANSELME.

Revenez , mon Neveu.

CRISPIN.

Cette terreur panique...

ANSELME.

Le fripon !

CRISPIN.

Entre vous l'aspect d'un Precepteur,
Est pour les écoliers un objet de terreur ;
Moy sur tout qui suis fier , & dont l'air prude &
grave ?
Donneroit de la crainte à l'homme le plus brave ;
Regardez-moy , voyez comme d'un seul regard ,

LISE *feignant d'avoir peur.*

Ah Monsieur !

CRISPIN.

Un coup d'œil est un coup de poignard.

LISE *feignant toûjours d'avoir peur.*

Je tremble en le voyant.

ANSELME.

Vous faites peur à Lise ,
De grace.....

CRISPIN.

Quand je veux aussi je m'humanise ,
Voyez.

ANSELME.

Ah bon cela.

LISE.

Demeurez donc ainsi ,
Je vous en aime mieux.

CRISPIN.

Je le croy-bien aussi ,
Mais Colin ne vient point.

ANSELME.

Lise, qu'on le rappelle ,

LISE.

Il ne reviendra pas ,

ANSELME.
Et si-fait,
LISE.
Bagatelle,
Il a craint ces aprests,
ANSELME.
Ne me resiste pas,
LISE.
J'y vais, mais soyez seur que j'y perdray mes pas.

SCENE. X.

CRISPIN, ANSELME.

ANSELME.

CE maraut ne vaut pas la peine qu'on se donne,
CRISPIN.
A son âge, Monsieur, tout cela ce pardonne,
Mais il faudra dans peu qu'il prenne un autre train,
Sur ma parole,
ANSELME.
Il faut luy tenir bride en main,
Cependant la douceur fait un profit extréme,
Et vous pourriez....
CRISPIN.
Helas je suis la douceur mesme.
ANSELME.
Trop de douceur pourtant rendroit Colin oysif;

CRISPIN.
Oh je fuis quand je veux tres fort rebarbatif,
ANSELME.
Il faut garder en tout une jufte mefure.
CRISPIN.
Auffi fay-je , Monfieur.
ANSELME.
J'en fuis ravy je jure ,
Mais quel eft voftre nom , car on l'ignore icy,
CRISPIN.
Crifpinius.

ANSELME.
Prenez un nom plus racourcy,
Nous ne pourrions jamais moy , ny Colin , ny Life.
CRISPIN.
Quoy , Monfieur vous voulez que je me débaptife.
ANSELME.
Non , mais vous pourriez....,
CRISPIN.
Quoy ?
ANSELME.
Prendre un nom plus humain,
CRISPIN.
Le mettant en françois on peut dire Crifpin ,
Mais ce nom eft trop bas , cela me fait outrage,
Je fuis Crifpinius.

SCENE XI.

ANSELME, CRISPIN, LISE.

LISE.

MOnſieur, Colin , fait rage ,
Il's'eſt baricadé dans ſa chambre , & je croy ,
Qu'il ne l'ouvriroit pas par ordre exprés du Roy ,

ANSELME.

Il faudra bien qu'il l'ouvre , ou je feray con-
noiſtre ,
Qui de nous deux chez moy doit eſtre enfin le
maiſtre ,
Je reviens , ne bougez ,

SCENE XII.

CRISPIN, LISE.

LISE.

BOn le voila party ,

CRISPIN.

Eh bien Liſe dis-moy , me ſuis-je démenty ,

N'ay-je

PRECEPTEUR.

N'ay-je pas jusqu'au bout joüé mon personnage.

LISE.

Fort bien, & c'est à toy d'achever cét ouvrage.

CRISPIN.

Geraste doit se rendre icy dans un moment,
Il en faut avertir Lucile.

LISE.

assurement.

CRISPIN.

Ils pourront dans ce lieu, se voir & l'un & l'autre,
Pour moy dans le logis faisant le bon Apostre,
J'entretiendray fort bien l'oncle & le neveu,
Mais toy quand pretens-tu, pour éteindre mon feu,

LISE.

Va je pourray....

CRISPIN.

Je meurs, l'amour est dans son centre....

LISE.

Tu parle Precepteur.

SCENE XIII.

ANSELME, CRISPIN, COLIN, LISE.

ANSELME

Marchons.

C

COLIN.

            J'ay mal au ventre,
J'étudiray demain, que je seray guery,
ANSELME.

Vous estes un fripon, un enfant mal nourry,
Monsieur vous instruira, c'est un fort habile
    homme,
Il montra le latin, à Romulus, & Rome.
CRISPIN.

Remus, & Romulus, les deux freres, Monsieur.
ANSELME.

Vous ne meritez pas un pareil Precepteur,
Coquin ; c'est de vous seul enfin qu'il doit dé-
    pendre,
Prenez-en tout le soin, Monsieur, qu'il en faue
    prendre,
Je vous le livre.
CRISPIN.

        Bon. Or, Monsieur, mon livré;
D'où vient qu'en me voyant vous estes effaré,
Quoy que je sois bien noir, je ne suis pas si diable,
COLIN.

Pardonnez-moy.
ANSELME.

        Le sot, cela n'est pas croyable,
Mais, Lise, quelqu'un vient, voy ce que l'on me
    veut.

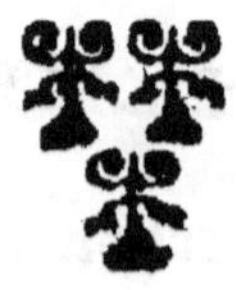

SCENE XIV.

ANSELME, CRISPIN, COLIN, SEVERIUS, LISE.

LISE.

QUe voulez-vous, Monsieur?
SEVERIUS.
Dire un mot, s'il se peut.
LISE.
Est-ce à moy?

SEVERIUS.
Nullement. Au tres-honoré maistre,
A qui, comme je croy, vous avez l'honneur d'estre,
LISE.
Le voila.

ANSELME.
Que faut-il ?
SEVERIUS.
Vostre humble serviteur
Vous vient faire offre en moy, Monsieur, d'un Pre-
cepteur.

COLIN.
N'est-ce pas assez d'un ?
CRISPIN.
Monsieur n'en a que faire,
à Colin.
Cherchez ailleurs. Ce drôle a la mine severe.

SEVERIUS.

Je fuis un homme idoine , & propre à cét em-
    ploy,
Tout le païs Latin , vous parlera pour moy.

ANSELME.

Je le croy bien, Monfieur, mais j'ay fait choix d'un
    homme.

SEVERIUS.

Seroit-il avoüé de l'ancienne Rome ?
C'eft à dire , Monfieur, a-t'il les beaux talens,
Que n'ont point , horfmis moy , les modernes
    Sçavans.

ANSELME.

Je fuis content de luy.

SEVERIUS.

        C'eft beaucoup ; mais au refte,
Il faut avoir fujet, & fujet manifefte,
D'eftre content d'un homme , entre les mains
    duquel ,
Vous avez dépofé le pouvoir paternel.

CRISPIN *à Anfelme.*

Il ne fçait ce qu'il dit. Que dites-vous pecore ?
Monfieur n'a point de fils , perfonne ne l'ignore,
C'eft mal faire juger de vos talens fecrets,
Que de donner un fils à qui n'en eût jamais.

SEVERIUS *montrant Colin.*

Quoy , là ?

ANSELME.

C'eft mon neveu.

SEVERIUS.

Si...

ANSELME.

        Foy d'homme fincere,
Je ne fuis que fon oncle, & ne fuis pas fon pere.

SEVERIUS.

La méprise est petite , on peut la pardonner.

ANSELME.

Hé....

CRISPIN.

Point, dans la Justice on doit vous condamner.
Il faut estre ignorant , à battre comme plâtre ,
D'ignorer qu'un neveu , que son oncle idolâtre ,
Est pourtant son neveu. Car , s'il estoit son fils ,
L'oncle seroit le pere. Et pourtant je vous dis
Que Monsieur n'estant pas le mary de sa mere.
Il faut bien que Colin soit le fils de son pere.

ANSELME.

C'est fort bien raisonner.

SEVERIUS.

Je le veux , mais aussi ,
Monsieur n'a pas raison de me traiter ainsi.
Quoy , sans avoir égard à mon sçavoir sublime ,
M'appeller ignorant !

CRISPIN.

Mesme ignorantissime ,
Tout jusqu'à vostre nom . à moins qu'il soit en us,
Est d'un franc ignorant.

SEVERIUS.

Je suis Severius ,
Prenez garde, Monsieur, de me mettre en colere,
Je suis Severius, c'est à dire severe.

CRISPIN.

Je suis Crispinius, c'est à dire.... mais non,
Vous ne meritez pas que j'explique mon nom.

SEVERIUS *montrant Colin.*

Que je plains le destin de cette jeune plante ,
Qu'on abandonne aux soins d'une main igno-
rante.

CRISPIN

COLIN.

Je ne suis pas la plante, ah, non, je suis Colin.

SEVERIUS.

Non, vous estes la plante, & ce lourdaut la main.

CRISPIN.

Oüy, je seray la main pour te couvrir la joüe.
Excrement de College.

SEVERIUS.

   Ame basse, & de boüe,

Per Iovem.

ANSELME.

 Hé, Messieurs,

COLIN.

   Bon, nous verrons au moins,
Qui des deux baillera de plus gros coups de poings.
Laissez-les battre.

LISE.

  Non, il faut qu'on les separe,
Ce gros Severius, à la mine barbare.

SEVERIUS.

Satis est..

CRISPIN.

 Sufficit.

SEVERIUS.

 Cave tibi.

CRISPIN.

    Comment ?
  bas.   *haut.*

Explique-toy. Que dis-je ! Ah, je t'entens vray-
 ment,
Cave tibi toy-mesme. Attens ; j'ay bien la mine
De payer en françois ton injure latine.

ANSELME.

Monsieur Crispinius, ne faites point de bruit.

CRISPIN.

Non, de son insolence il recevra le fruit.

SEVERIUS.

Intrepidus specto, veni, non audes.

CRISPIN.

J'enrage,
Mais ce qu'on n'entend pas ne peut faire d'outrage.

ANSELME.

Quoy, vous n'entendez point…

CRISPIN.

Oh, si fait quant à moy,
Mais vous ne pouvez pas le comprendre, je croy.

ANSELME.

Non.

CRISPIN.

Il parle un latin, baragoüin, incommode,

SEVERIUS.

Rectè loquor?

CRISPIN.

Ces mots ne sont plus à la mode,
Du temps de Ciceron, on parloit comme luy,
Mais la mode a changé, par exemple aujourd'huy,
On parle dans Paris, de bien meilleure grace,
Que jadis sous nos Rois de la premiere race.

ANSELME.

Il est vray.

CRISPIN.

Vous voyez fort bien apres cela,
Que c'est un ignorant que ce vieux cuistre là.

ANSELME *bas.*

Je le croy comme vous ; mais…

LISE.

On juge à sa mine

Que c'est un sot.

SEVERIUS.
  Hola, la langue serpentine,
Mais je voy bien icy que je n'avance rien.
  à Colin & à Anselme. *à Crispin.*
Je vous plains l'un & l'autre, Et toy l'hôme de bien,
Cave tibi, je sors.

SCENE XV.

ANSELME, CRISPIN, COLIN. LISE.

CRISPIN.

Que ce vray trouble feste,
Ce franc maraut, Monsieur, vous a rompu la teste.
   ANSELME.
Je n'ay pû rien comprendre à son maudit jargon.
   CRISPIN.
C'est du latin Gaulois, comment l'entendroit-on?
Moy qui suis plus sçavant que vous, je vous pro-
  teste,
Qu'excepté *satis est*, je n'entens point le reste;
La faute n'en doit pas estre imputée à moy,
Que n'explique-t'il.
   ANSELME.
  Ah, vrayment je vous croy.
   CRISPIN.
Voyez-vous, le latin est une langue morte,

Qui pourtant vit toûjours, mais d'une telle forte,
Que dans chaque païs, & chaque region,
A tout autre langage, elle dâme le pion :
C'eſt pourquoy je ſoûtiens, qu'à moins d'eſtre une
    buſe,
On voit bien que *muſa*, Monſieur, veut dire muſe,
Que *vinum* en latin, eſt du vin en françois,
N'eſt il pas vray?

ANSELME.
   Foit bien.

CRISPIN.
        Ergo donc je crois
Que tous les noms latins dénotant quelque choſe,
Si vous les ignorez, je n'en ſuis pas la cauſe.

ANSELME.
Rien n'eſt plus ſeur.

CRISPIN.
      Eh bien *fructus* eſt donc du fruit,
Bonus, *bona*, *bonum*, eſt un bonnet de nuit ;
Potus, le pot à vin, ou le pot au letage,
N'importe.

LISE.
  Helas, Monſieur, j'entens tout ce langage.

ANSELME.
Moy, je l'expliquerois, ſans le ſecours d'autruy.

CRISPIN.
C'eſt là le vray latin que l'on parle aujourd'huy.

ANSELME.
Dans combien croyez-vous que je pourrois l'ap-
    prendre.

CRISPIN.
Vous ?

ANSELME.
  Oüy.

CRISPIN *en riant.*
Selon.

ANSELME.
Comment?

CRISPIN.
Dans un âge plus tendre
Vous auriez bien plûtost, Monsieur, excusez-moy
Mais Lise me fait rire, & je ne sçay pourquoy.

ANSELME.
Sotte.

LISE.
Je ne ris pas de vous entendre dire,
Qu'à voftre âge, Colin me fait mourir de rire.

COLIN.
Elle a ry la premiere avec mon Precepteur,
Ils se moquons de vous, je gage!

CRISPIN.
Un grave Autheur
Dit en certain endroit, Monsieur, de son ouvrage,
Que l'homme doit apprendre, en tout temps et
tout âge,
Et qu'il vaut toûjours mieux avec les soins qu'on
prend,
Eftre vieux Ecolier, qu'eftre vieux ignorant.

ANSELME.
Cét Autheur a raison, mais il eft temps, je penfe,
Qu'à prendre sa leçon voftre Ecolier commence.

CRISPIN.
Soit fait, Monsieur, selon vos volontez.
Adieu.

ANSELME.
Ca, que faites-vous là la rieufe, fortez.

SCENE XVI.

CRISPIN, COLIN.

CRISPIN.

ALlons, Monſieur Colin, voyons ſi la ſcience,
Peut profiter en vous, comme a fait l'igno-
rance.
Sçavez-vous lire ?

COLIN.
Oh qu'oüy.
CRISPIN.
       Vous écrivez ?
COLIN.
           Fort bien.
CRISPIN.
Ainſi hors la ſcience, il ne vous manque rien.
Il vous la faut montrer cette belle ſcience ;
Prenez ce Rudiment, faites la reverence,
Liſez.
COLIN.
Faut-il, Monſieur, faire tout à la fois ?
CRISPIN.
L'un apres l'autre.
COLIN *prenant le Rudiment, & liſant.*
Bon. *Nomin*
CRISPIN.
      Hauſſez la voix.

COLIN.

Nominativo.

CRISPIN.

Bon.

COLIN.

hæc muſa.

CRISPIN.

Bon.

COLIN.

La muſe.

CRISPIN.

Fort bien.

COLIN.

Oüy.

CRISPIN.

Pourſuivez.

COLIN.

Je vous demande excuſe,
Puiſque j'ay ſi bien dit , je m'en veux tenir là.

CRISPIN.

Vous voulez , dites-vous , que veut dire cela,
Quoy vous des volontez, *non voles ſtudiare*,
Un *pecora campi* , veut encor *reſonare*.

Il tire ſa ferule.

Avancez voſtre main , ſi je le dis deux fois,
Vous pourrez.

COLIN.

Cachez donc voſtre morciau de bois.

CRISPIN.

Porrige manum.

COLIN.

Bon.

CRISPIN.

C'eſt trop me faire attendre.
La main.

La main.

COLIN.
Oüy, quelque niais, si je vais vous la tendre.

CRISPIN.
Colinus je suis las de tant parler Latin.
Si.

COLIN.
Tenez donc. Hay, peste il m'a cassé la main.
Morgué je n'aimons pas à rire de la sorte.

CRISPIN.
Silentium, paix.

COLIN.
Jarny.

CRISPIN.
Quoy donc, si je m'emporte
Je pourray proceder au dernier chastiment,
C'est trop de temps perdu, montrez ce Rudiment.

COLIN.
Le voila.

CRISPIN.
Lisez-moy cette page complete.

COLIN.
Monsieur.

CRISPIN.
Allons.

COLIN.
Oh bien, ostez donc la palette.

CRISPIN.
Vous resistez encor à vostre Precepteur ?
La force fera plus sur vous que la douceur.
Menée, la main.

COLIN.
Monsieur.

D

CRISPIN se frappe luy-mesme en voulant prendre la main de Colin.

     Donnez-l'a. Peste.

COLIN.

        Bon.

Vous vous estes fait mal, je gage.

CRISPIN.

        Le fripon,

Pourquoy retirez-vous la main sans me le dire;
Vous riez.   **COLIN.**

    Le moyen de s'empescher de rire,
Vous vous estes baillé bien serré sur la main,

CRISPIN.

Vous ne vous rirez pas ainsi de nous en vain,
Je ne me mettray point en si mauvaise estime,

     Il tire un foüet.

Et c'est avec cecy qu'on punit un tel crime,
Mettez-vous en estat de recevoir six coups.
Dépeschez-donc.

    COLIN.

   Bon, bon, vous vous gaussez de nous.
Bien, je ne riray plus.

CRISPIN.

    Non, il faut que sur l'heure
Vous soyez chastié.

    COLIN plaisant & voulant denoüer son aiguillette.

     Jusques...

    CRISPIN *bas.*

     Comme il pleure.

    COLIN.

Que six au moins...

    CRISPIN.

Que sur... quivient nous troubler...

SCENE XVII.

CRISPIN, COLIN, LUCILE.

LUCILE.

JE viens ayant oüy du logis quereller,
Sçavoir pour quel sujet vous estes en colere.

Voyant le foüet de Crispin.

Mais que vois-je ?

CRISPIN.

Je veux chastier vostre frere ;

Et je pretens....

COLIN.

Ma sœur, mettez-vous là pour voir,
Et contez les six coups.

LUCILE.

Si j'ay quelque pouvoir,
Accordez le pardon à mon frere, de grace,
Il ne manquera plus.

COLIN *voulant dénoüer son éguillette.*

Non pallangué, qu'il fasse,
Mais, morgué, se fera pour la derniere fois.

CRISPIN.

La nature le veut, j'obeïs à ces loix.
Je vous pardonne, allez apprendre cette page,

COLIN.

Par cœur !

CRISPIN.

Eh , oüy, par cœur.

COLIN.

R'entrons, ma sœur.

CRISPIN *seul*

Courage,
Enfin, grace à mes soins, tout va bien jusqu'icy,
Et mon Maistre sera surpris, mais le voicy.

SCENE XVIII.

GERASTE, CRISPIN.

CRISPIN.

TOut va fort bien, Monsieur.

GERASTE.

Puis-je par ton adresse,
Entretenir icy l'objet de ma tendresse.

CRISPIN.

Oüy , je vais l'avertir , attendez un moment.

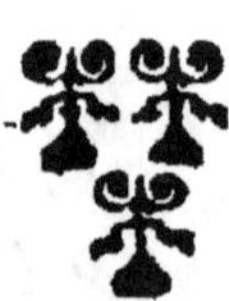

SCENE XIX.

GERASTE seul.

HElas, qu'un peu d'espoir, est doux pour un
     Amant !
Mais quelle est la douleur dont une ame est at-
    teinte,
Quand l'espoir quelle gouste, est moindre que la
    crainte.
Lucile vient icy.

SCENE XX.

GERASTE, LUCILE, CRISPIN, LISE.

GERASTE.

QUoy Lucile, c'est vous ?
Je pourray donc joüir d'un entretien si doux,
Et malgré tous les soins qu'un oncle nous oppose,

CRISPIN

Vous expliquer des maux, dont vous estes la cause.

LUCILE.

Je prens part à ces maux dont vostre amour se
plaint,
Et mon cœur souffre plus que le vostre ne craint.

SCENE XXI.

LUCILE, COLIN, CRISPIN.

GERASTE.

COLIN *revenant avec son Rudiment.*

Monsieur, je ne sçaurois mettre dans ma mé-
moire,
Toutes ces Muses là ; varmant c'est une histoire.

CRISPIN *bas à Geraste.*

C'est le frere benest de l'objet de vos vœux,
à Colin.
Gagnez son amitié. Que voulez vous ?

COLIN.

Je vens,
Mais avec ce Monsieur, vous vous parlez ensemble.
Je m'en vais.

CRISPIN.

Demeurez, Monsieur, parlons en semble.
N'ay-je pas un Disciple modeste, doux, civil.

GERASTE.

Assurément,

COLIN.

Nanny.

CRISPIN.

Monſieur Colin.

COLIN.

Plaiſt-il?

CRISPIN.

Je veux qu'avec Monſieur vous faſſiez connoiſ-
ſance,
Il eſtoit mon Diſciple, & j'ay par ma ſcience...

COLIN.

Un mot.

CRISPIN.

Que voulez-vous?

COLIN.

C'eſt Monſieur Romulus.

CRISPIN.

Non, non, ce n'eſt pas luy.

COLIN.

C'eſt donc Monſieur Remus,
Mon frere.

CRISPIN.

Encore moins, approchez-vous.

GERASTE.

De grace,
Qu'avant que de parler, Monſieur, je vous embraſſe.   *Il embraſſe Colin.*

COLIN.

Ouï.

GERASTE.

Si j'oſois icy vous découvrir mon cœur,
Helas, je meurs d'amour.

COLIN.

Pour moy.

GERASTE.

                    Pour voſtre ſœur.

COLIN.

Elle eſt bien belle da.

GERASTE.

                    Comment, elle eſt charmante,
Elle eſt ſi ſage.

COLIN.

          Oh, point.

GERASTE.

                    Enfin, elle m'enchante.

COLIN.

Que ne l'épouſez-vous, puis que vous l'aimez
    tant.

GERASTE.

Helas, je le voudrois, je ſerois trop content,
Mais, voſtre Oncle, Monſieur, à qui je ne puis
    plaire,
Fait que de ce bonheur, enfin, je deſeſpere.

COLIN.

Il me vient dans l'eſprit un bon moyen.

GERASTE.

                              Et quoy?

COLIN.

De demander ma ſœur à mon oncle pour moy,
Puis je vous la bailray ſans l'épouſer moy-meſme,
Et bien je ne puis mieux prouver que je vous aime.

SCENE XXII.

LUCILE, GERASTE, LISE. COLIN, ANSELME, CRISPIN.

ANSELME.

AH, je vous y furprend, Gerafte eft dans ces
     lieux,
En vain je vous défend de paroiftre à fes yeux,
Oh, oh, pretendez-vous ainfi me faire piece?
GERASTE.
Monfieur, fi je pouvois...
ANSELME.
               C'eft temps perdu, ma Niepce
N'eft point faites, Monfieur, pour un homme fans
     bien,
Ceffez voftre pourfuite, & n'y pretendez rien.
GERASTE.
J'auray du bien un jour par la mort d'une tante;
Vous le fçavez.
ANSELME.
          Je fçay que c'eft là voftre attente,
Mais ne pretendez point....

SCENE DERNIERE.

ANSELME, COLIN, LUCILE, LISE, CRISPIN, GERASTE.

DU MESNIL.

Ah, Monſieur, venez tôt,
Madame voſtre tante, enfin, a fait le ſaut ;
Elle eſt morte.

ANSELME.

Tant mieux.

LISE.

Ils ſont d'accord, Madame.

ANSELME.

Monſieur, ſi j'ay tantoſt mal-traité voſtre flame,
C'eſtoit pour éprouver l'excés de voſtre amour,
Et vous épouſerez ma Niepce dés ce jour.

CRISPIN.

Moy, qui ſuis ſon Valet, & Precepteur, je penſe
Que je dois de vous deux, recevoir recompenſe ?

ANSELME.

Quoy, vous eſtes Valet ?

CRISPIN.

Oüy, Valet de Monſieur,

Qui pour servir sa flame, a fait le Precepteur.

GERASTE.

Il faut tout oublier dans cette conjonĉture.

ANSELME.

Allons, ne penfons plus qu'à la nopce future.

FIN.